BIOGRAPHIE

DE

Melle SCRIWANECK

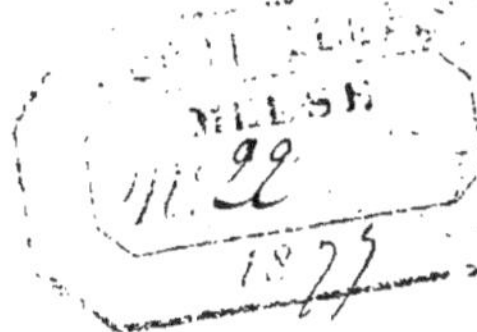

BIOGRAPHIE

DE

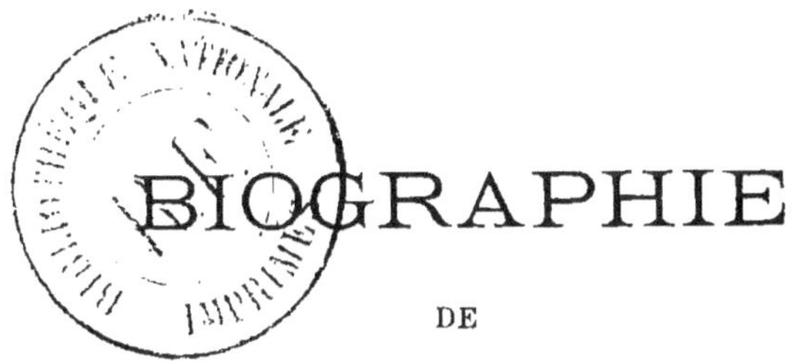

Melle SCRIWANECK

Il est un art perdu pour les comédiens d'aujourd'hui, et qui nous ravit encore lorsqu'il nous est présenté par les derniers survivants de ceux qui le portèrent si haut autrefois.

Voici le nom d'une artiste célèbre qui peut donner à la génération nouvelle la juste mesure du véritable talent :

Augustine SCRIWANECK.

De l'orthographe de son nom — Schriwaneck — l'h fut supprimé par la mère de l'artiste pour l'euphonie du nom.

Son père violoncelliste distingué était d'origine hollandaise. Sa mère occupait avec succès l'emploi de première Dugazon au théâtre de Rouen.

C'est vers l'opéra comique que furent tout d'abord dirigées les études de la petite Augustine. Et lorsqu'elle débuta, pour la première fois, sur le théâtre de *Grenoble,* ce fut dans le rôle de : Benjamin, *de Joseph,* commençant ainsi à jouer les travestis, genre où elle devait exceller plus tard.

La voyant composer son personnage avec une intelligence qui accusait déjà une certaine personnalité, sa mère la laissa libre de choisir un emploi de son goût, mais elle n'abdiqua pas pour cela la direction de ses études ; et c'est sous l'influence heureuse de ses conseils que la jeune artiste vit son talent se développer.

C'est une erreur généralement répandue de croire Mademoiselle SCRIWANECK une élève de Déjazet. Jamais elle n'eut d'elle la moindre leçon ; ce qui a contribué à perpétuer ce dire, c'est qu'aucune autre que Mademoiselle SCRIWANECK, n'a conservé la tradition des rôles créés par la célèbre comédienne, tradition qu'elle a su toutefois approprier aux goûts modernes tout en la respectant.

Le premier début de Mademoiselle SCRIWANECK à Paris, eut lieu sur la scène *du théâtre Beaumarchais*, dans *Rosière et Nourrice*, pièce de MM. Théodore Barrière et Clairville, où elle remplissait un rôle de paysanne naïve avec un naturel qui la fit aussitôt remarquer. Des propositions lui furent faites pour un engagement au Palais-Royal, elle n'accepta pas tout d'abord se trouvant heureuse d'être la reine de son petit théâtre.

Beaumarchais ayant fermé ses portes à la fin de l'année suivante, Mademoiselle SCRIWANECK entra immédiatement au théâtre du Palais-Royal, puis aux Variétés, où elle fit alors un bon nombre de créations: *L'amour qué qu'c'est qu'ça ?* son succès dans cette pièce eut du retentissement ; *Les princesses de la Rampe ; Un roi malgré lui ; Les enfers de Paris ; Madame Rogerbontemps ; Madelon Lescaut ; Les nèfles :* dans cette dernière pièce son talent se montra sous des faces bien différentes ; un des auteurs, Eugène Grangé, les a résumées dans le quatrain suivant :

> Pour ton ramage limpide,
> Pour tes pas, — gracieux vol
> — Merci charmante sylphide,
> Merci gentil rossignol.

Dans les *Bibelots du Diable*, M. Clairville l'auteur, lui dédia la pièce avec les vers suivants, sur une seule rime :

A toi charmante Scriwaneck
Cet ouvrage assez incorrect,
Mais qui ne paraît pas suspect ;
Reçois cet hommage direct
D'admiration, de respect,
Et tous mes compliments avec.

Elle eut aussi du même auteur une dédicace charmante sur un volume de l'ouvrage : Chansons et Poésies.

A toi qui m'as tant chanté
Ces chansons ; que ta voix les chante
Pour que l'auditeur enchanté
Dise que ce recueil l'enchante.

Les créations citées n'ont pas à elles seules fait la réputation de l'artiste. Ajoutons y : *La femme aux œufs d'or* ; *La gardeuse de Dindons*, au théâtre Cluny, qui lui ont valu de M. Amédée Achard l'éloge suivant : Mademoiselle SCRIWANECK nous revient dans un des meilleurs rôles de son répertoire. Elle nous est revenue avec son vif entrain, sa façon leste de jeter le mot, son art de détailler la chanson, l'esprit de son jeu.

Le Gamin de Paris est son triomphe. Après la représentation de cette pièce, M. Sardou écrivait à l'éminente artiste : « Chère Madame, je vous ai vu jouer, hier au soir, *Le Gamin de Paris*, avec un plaisir singulier ; je vous aurais porté toute chaude l'impression de ce plaisir si j'avais pu franchir sans trop de pourparlers le seuil de vos coulisses. Je suis habituellement chez moi à 4 heures, je serais très-heureux de vous dire de vive voix que ma soirée d'hier m'a enchanté. » Vous pensez combien Mademoiselle SCRIWANECK est fière de posséder cette charmante lettre.

Le 5 mars 1876, mise au théâtre du *Vœu inutile*, dernière création de Mademoiselle SCRIWANECK à propos de laquelle M. Bernard Lopez, l'auteur, lui a dédié le sonnet suivant :

Lutin ou fée, ange ou diable, homme ou femme,
Par le pouvoir de votre art merveilleux,
Vous vous plaisez aux écueils périlleux
Comme à l'attrait que le talent réclame.

—

Double androgyne, et que Thalie acclame,
Dans SCRIWANECK, le piquant gracieux,
Toujours vingt ans pétillent dans vos yeux,
Comme un foyer d'inextinguible flamme.

—

Du Nord au Sud, de l'Est à l'Occident,
Oiseau nomade au vol indépendant,
Jetez au vent vos refrains de fauvette.

—

Et tour à tour marquis, page ou soubrette,
De chaque sexe unissez l'agrément,
Charmante au point d'être même charmant.

Nous avons rendu justice au talent de l'artiste, parlons de la femme qui est distinguée, bonne et douce.

Mademoiselle SCRIWANECK n'a pas de fortune, et cependant les malheureux sont toujours sûrs de la trouver. Plus d'un trait l'honore et plus d'une fois aussi elle a été victime de sa générosité. Elle fait l'aumône sans ostention ; souvent, elle y consacre le produit de son talent, et parfois elle le fait sous la forme d'un prêt gracieusement offert.

ITINÉRAIRE DES REPRÉSENTATIONS

DE

M^{ELLE} SCRIWANECK

Départ de Paris	6	février.
Verdun	8	id.
Bar-le-Duc	10	id.
Saint-Dizier	11	id.
Vassy	12	id.
Toul	17	id.
Sainte-Ménehould	19	id.
Saint-Mihiel	20	id.
Neufchâteau	21	id.
Chaumont	23	id.
Epinal	24	id.
Retour à Paris	26	id.

Verdun, Imprimerie RENVÉ-LALLEMANT.